Las cosas que me gustan

Me gustan los gatos

por Meg Gaertner

www.littlebluehousebooks.com

© 2023 por Little Blue House, Mendota Heights, MN 55120. Todos los derechos reservados. Ninguna parte de este libro puede ser reproducida ni utilizada de ninguna manera ni por cualquier medio sin el permiso escrito de la editorial.

Traducción: © 2023 por Little Blue House
Título original: I Like Cats
Texto: © 2023 por Little Blue House
Traducción: Annette Granat

La serie Little Blue House es distribuida por North Star Editions.
sales@northstareditions.com | 888-417-0195

Este libro ha sido producido para Little Blue House por Red Line Editorial.

Fotografías ©: Imágenes de Shutterstock: portada, 4, 8–9, 15; imágenes de iStock: 7, 11, 12–13, 16 (esquina superior izquierda), 16 (esquina superior derecha), 16 (esquina inferior izquierda), 16 (esquina inferior derecha)

Library of Congress Control Number: 2022912424

ISBN
978-1-64619-688-3 (tapa dura)
978-1-64619-720-0 (tapa blanda)
978-1-64619-783-5 (libro electrónico en PDF)
978-1-64619-752-1 (libro electrónico alojado)

Impreso en los Estados Unidos de América
Mankato, MN
012023

Sobre la autora

Meg Gaertner disfruta leer, escribir, bailar y hacer actividades al aire libre. Ella vive en Minnesota.

Tabla de contenido

Me gustan los gatos **5**

Glosario **16**

Índice **16**

Me gustan los gatos

Me gustan los gatos.

Los gatos juegan

con juguetes.

Me gustan los gatos.

Los gatos corren y saltan.

Me gustan los gatos. Los gatos se suben a lugares altos.

Me gustan los gatos.
Los gatos se esconden en cajas.

Me gustan los gatos.

Los gatos duermen al sol.

Me gustan los gatos.

Los gatos son buenos amigos.

Glosario

cajas

saltan

juguetes

sol

Índice

C
corren, 6

D
duermen, 12

S
se esconden, 10
se suben, 8